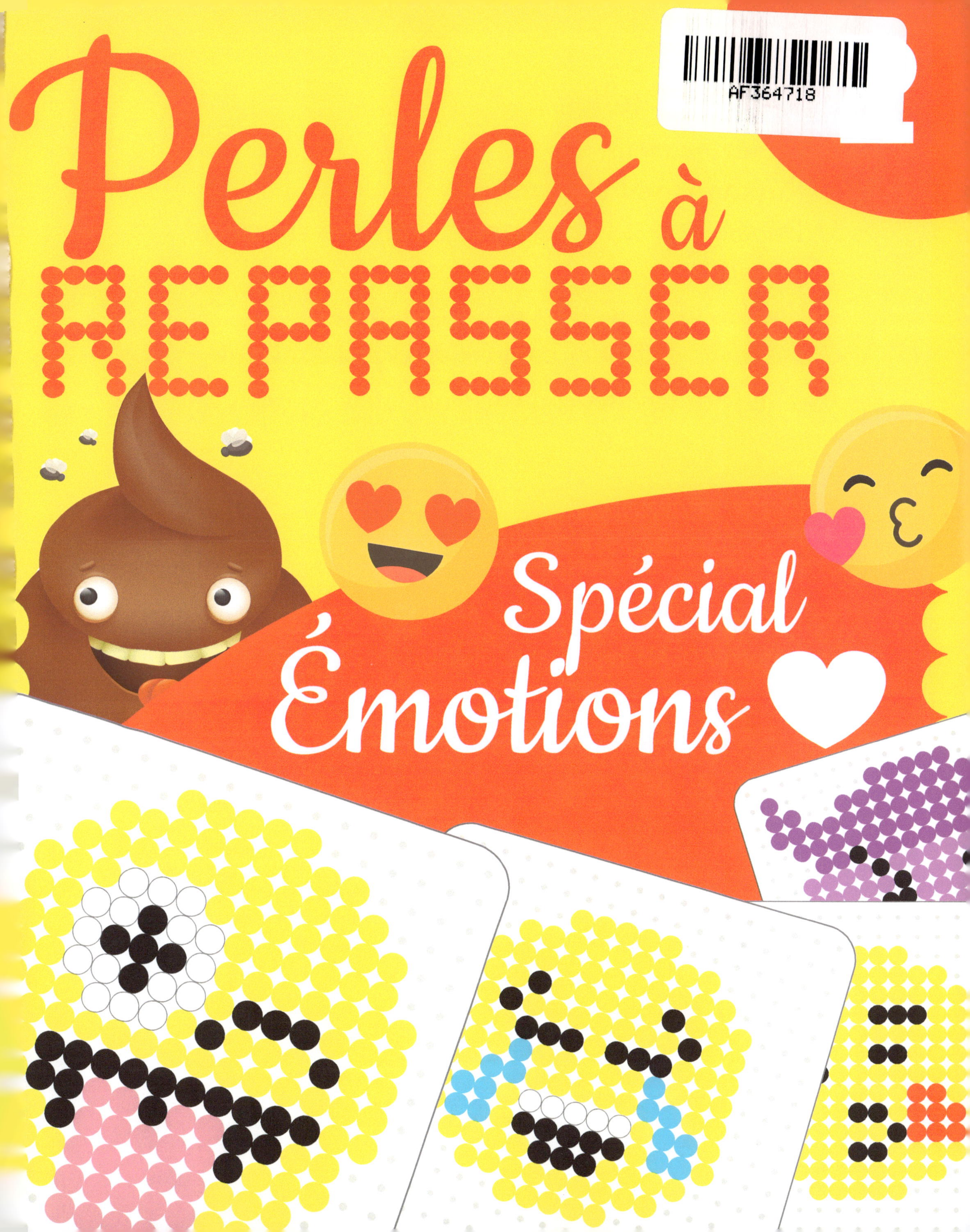

Perles à
REPASSER
Spécial
Émotions
AF364718

Conseils d'utilisation :

1) Choisis ton motif
2) Prépare les perles nécessaires
3) Dispose les perles sur une plaque à picots en suivant le modèle
4) Une fois ta création terminée, demande à un adulte de t'aider pour coller les perles à l'aide d'un fer à repasser et d'une feuille style « papier cuisson ».

Envoie-nous une photo de tes créations pour recevoir d'autres modèles gratuits.

✉ Écris-nous à hello@editions-jolimonde.fr pour recevoir ton CADEAU imprimable GRATUIT !

Questions et service client : écris-nous par email à l'adresse suivante : support@editions-jolimonde.fr.

Imprimé par Amazon.com,
Avec l'autorisation de l'auteur et des Éditions Joli Monde
© Éditions Joli Monde, Novembre 2020
ISBN : 9782492583018

Loi n°49-956 du 16 juillet 1949 sur les publications destinées à la jeunesse.
COLLECTION PERLABABA

Sommaire

17 Visage endormi
18 Visage content
19 Visage souriant
20 Visage souriant aux grands yeux
21 Visage souriant en sueur
22 Visage qui pleure à chaudes larmes
23 Visage qui rougit
24 Visage qui roule des yeux
25 Visage qui porte un masque
26 Visage avec la bouche en coeur
27 Emoji coeur rouge
28 Emoji pouce en l'air
29 Visage au sourire malicieux avec des cornes

Visage souriant avec des lunettes

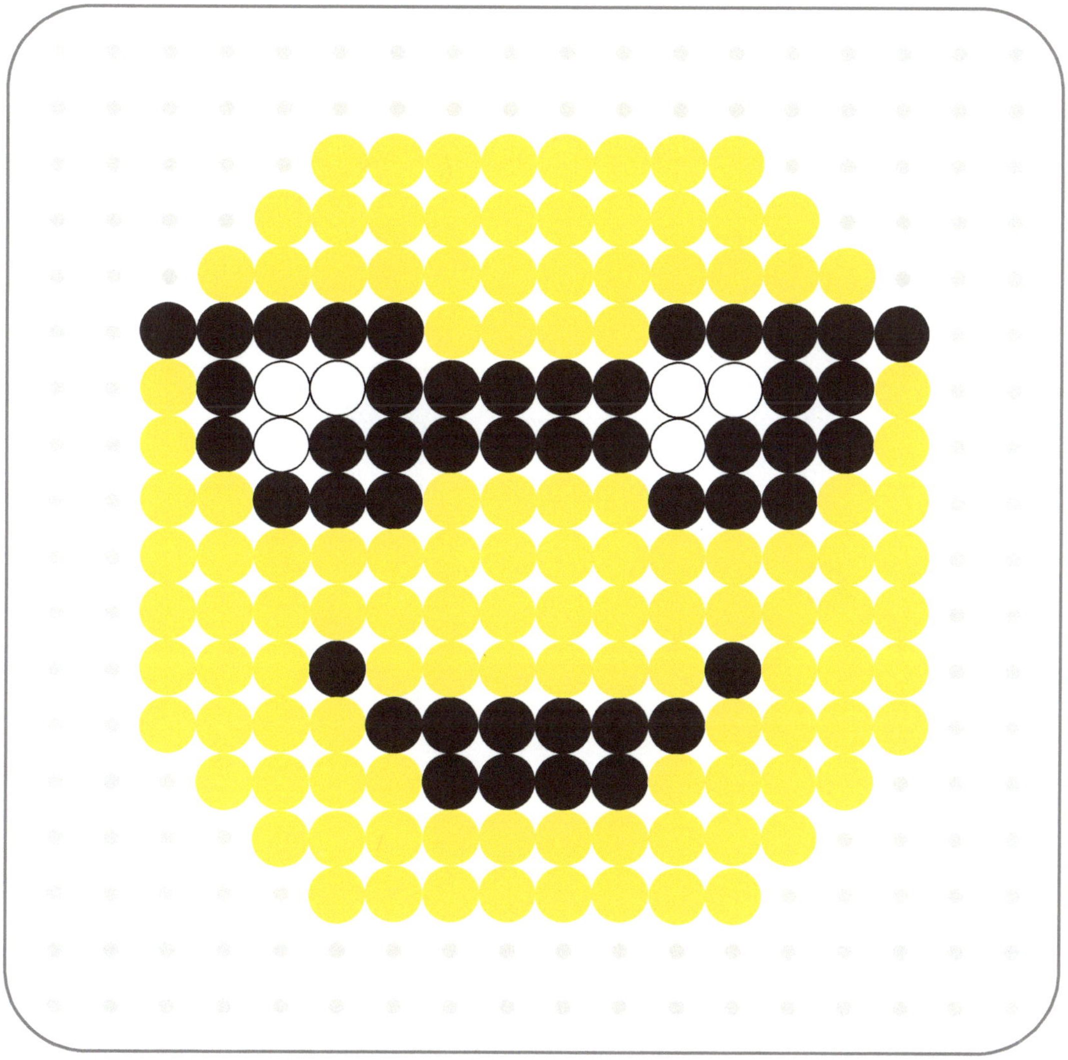

Les perles dont tu as besoin pour réaliser ton Emoji :

 120   ○ 6   ● 46

Visage rayonnant avec des yeux souriants

Les perles dont tu as besoin pour réaliser ton Emoji :

104   44   29

Emoji tas de crotte

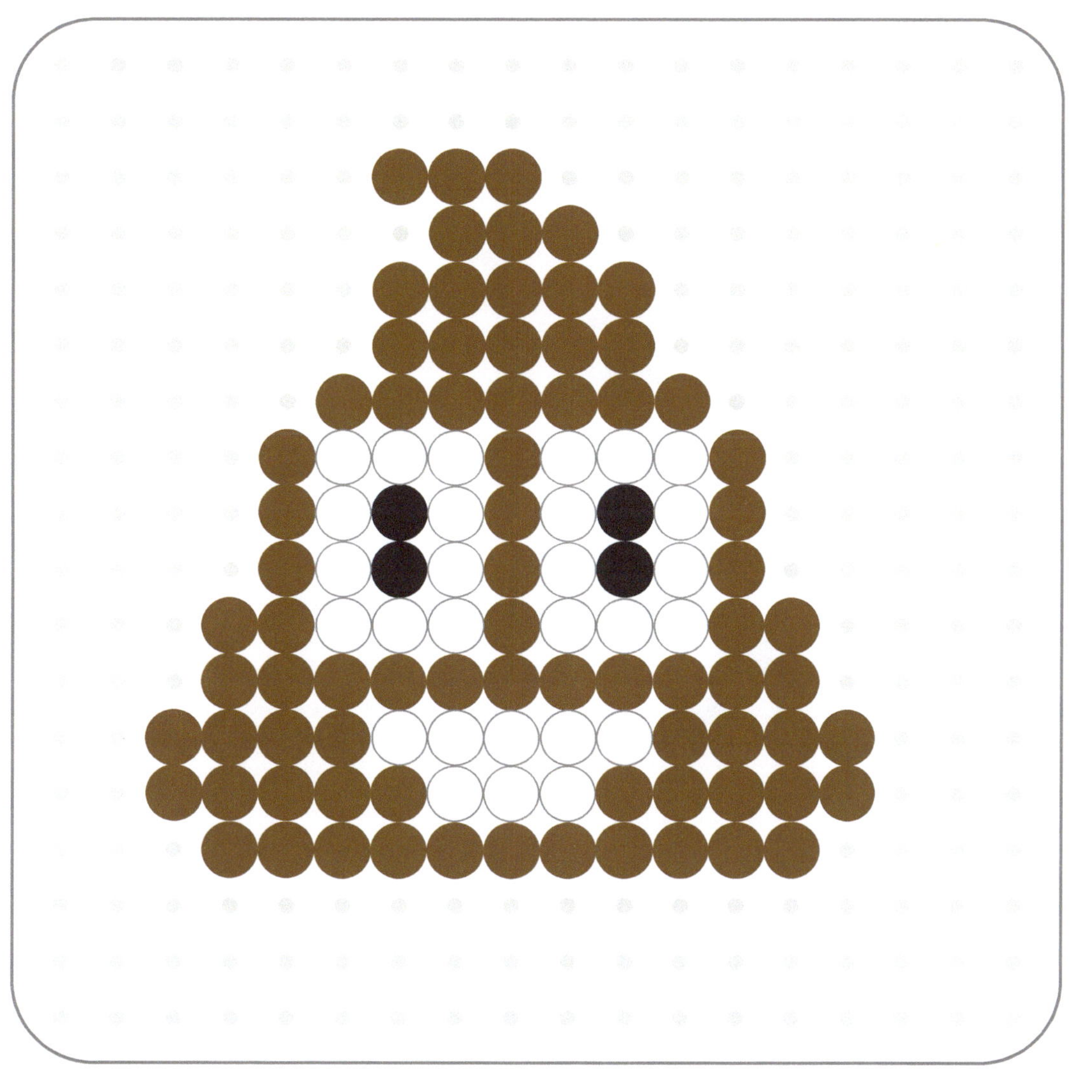

Les perles dont tu as besoin pour réaliser ton Emoji :

77   28   4

Visage clin d'oeil tirant la langue

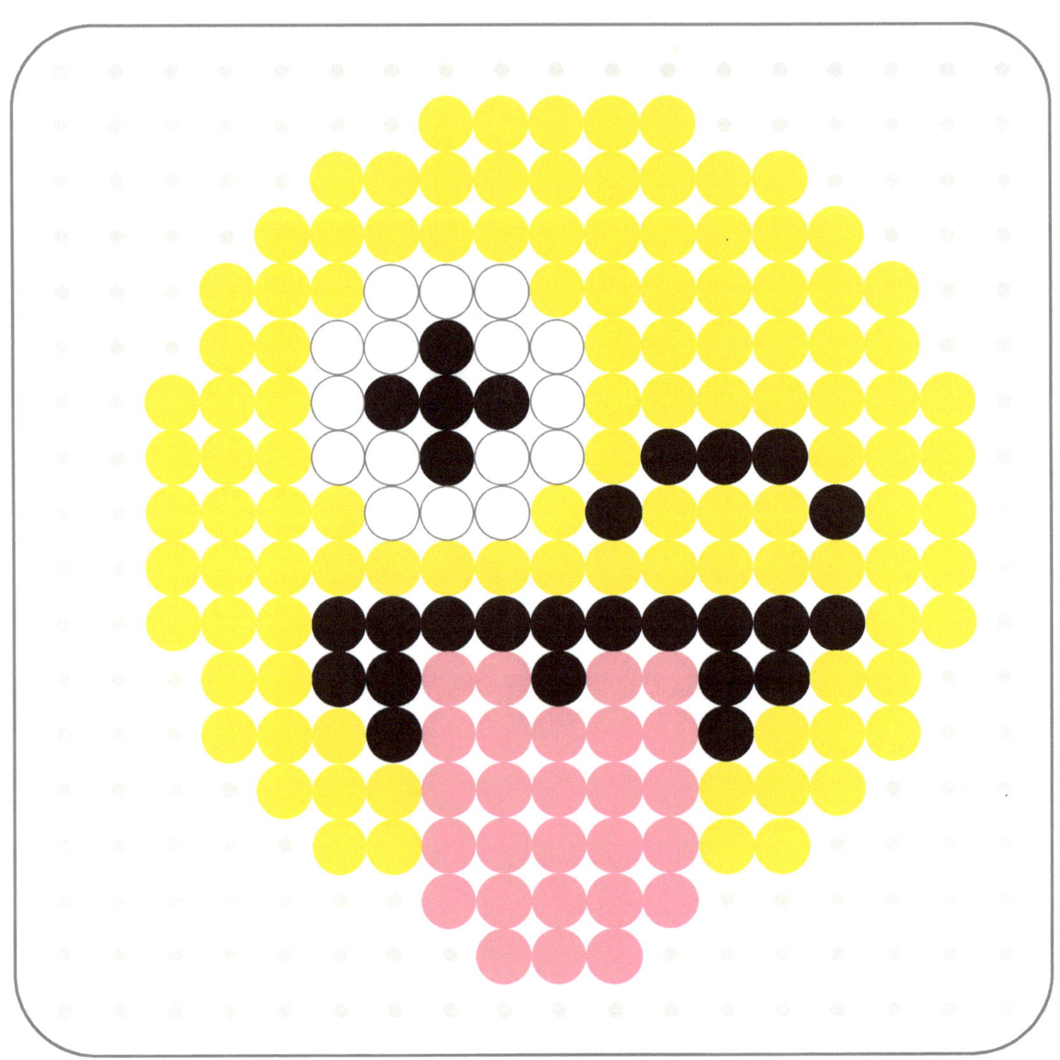

Les perles dont tu as besoin pour réaliser ton Emoji :

110   27   16   27

Visage triste

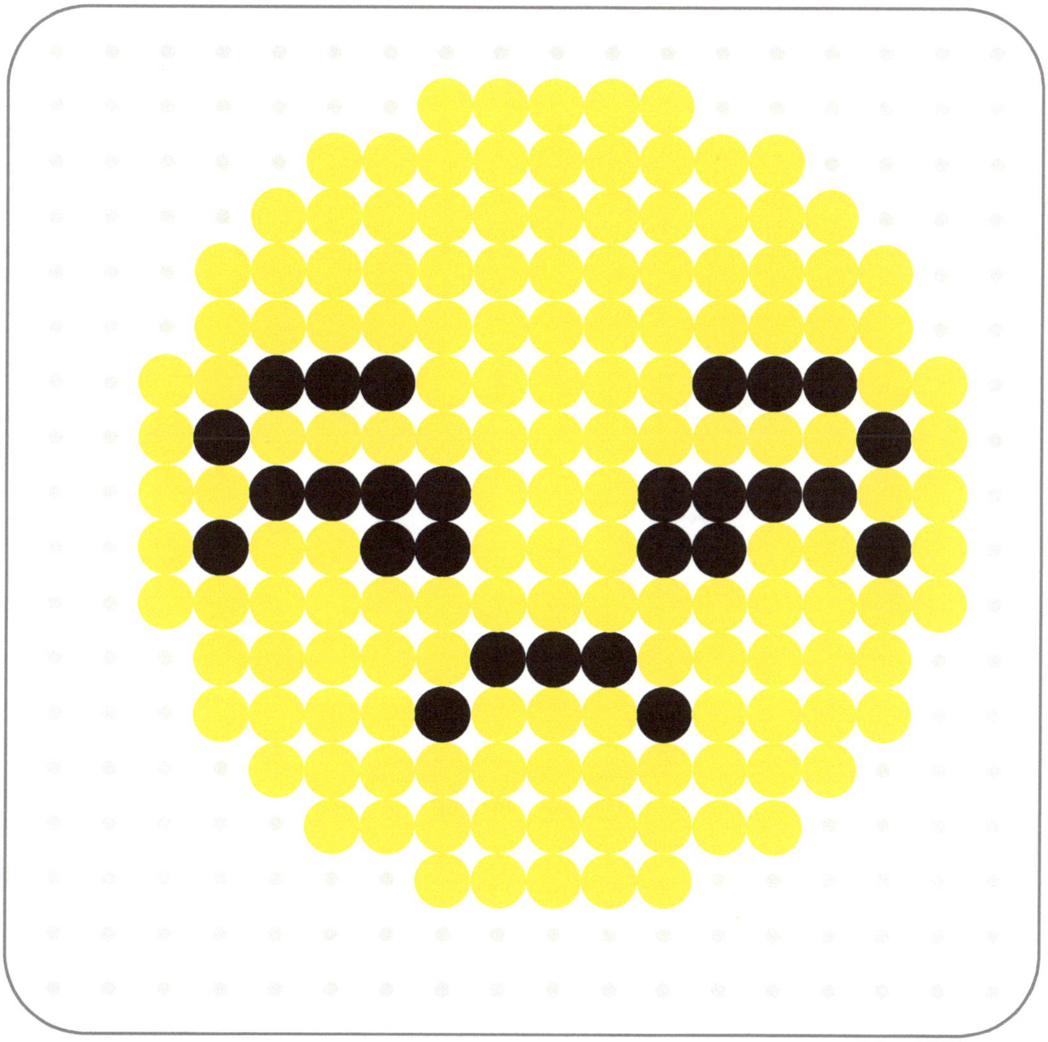

Les perles dont tu as besoin pour réaliser ton Emoji :

150   27

Visage souriant et canaille

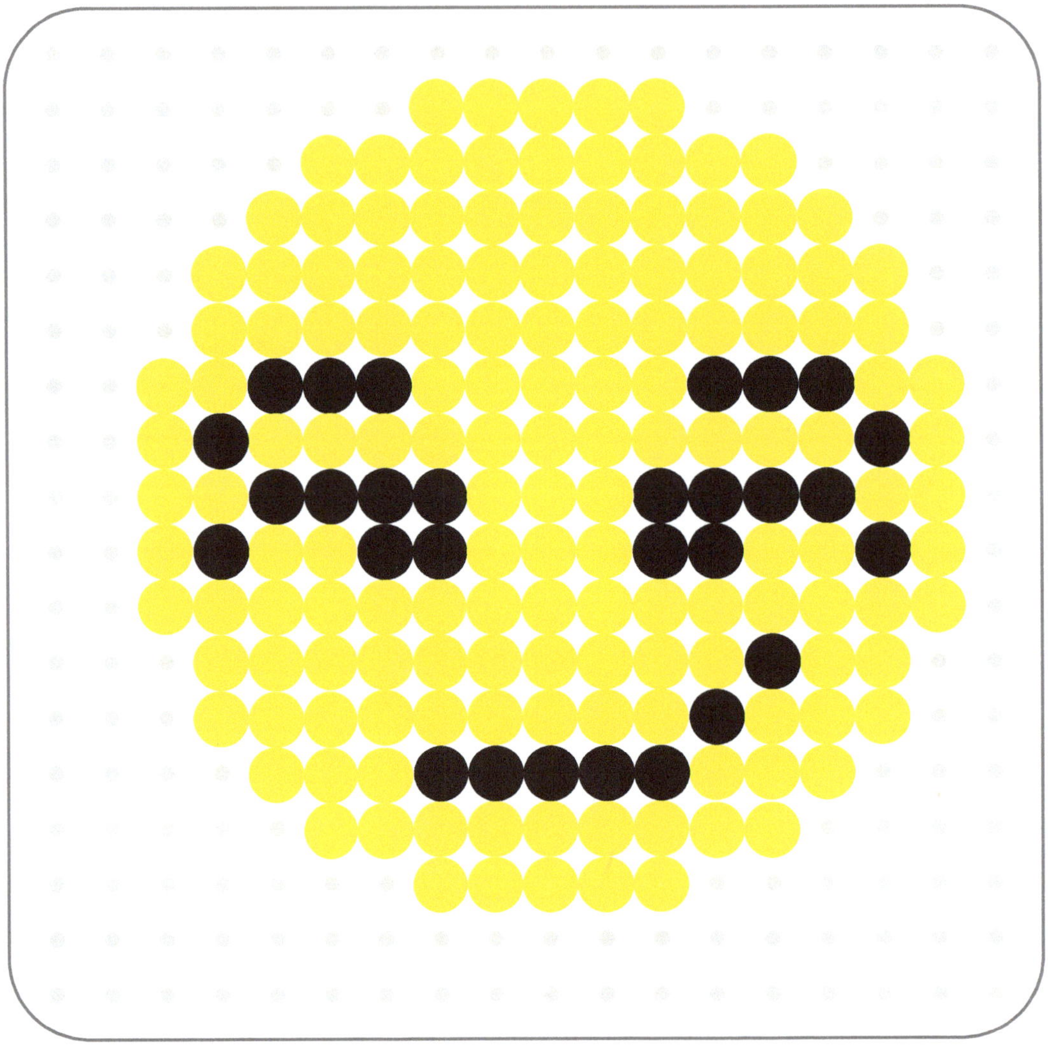

Les perles dont tu as besoin pour réaliser ton Emoji :

 148   ⬤ 29

Beurk !

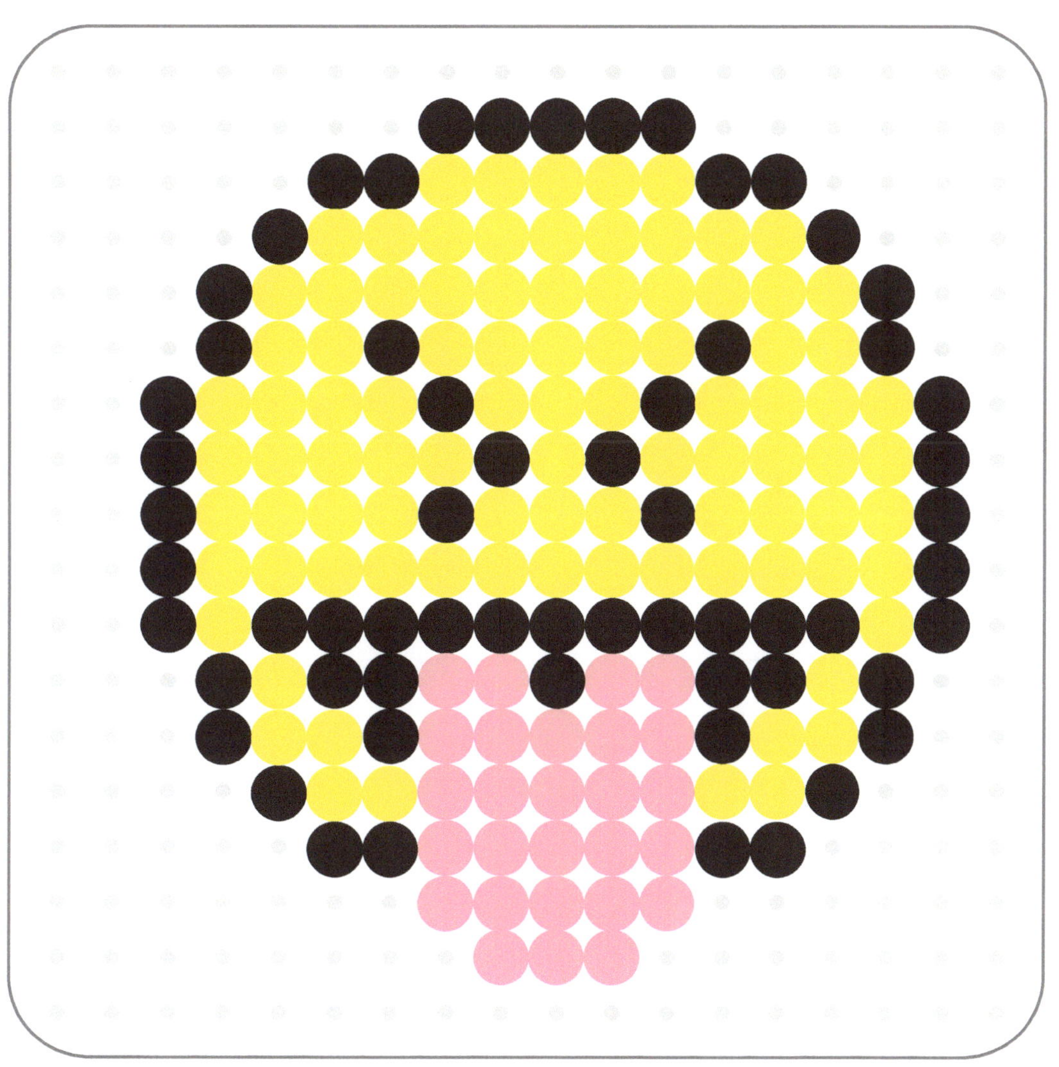

Les perles dont tu as besoin pour réaliser ton Emoji :

89   61   27

Visage souriant et yeux en coeur

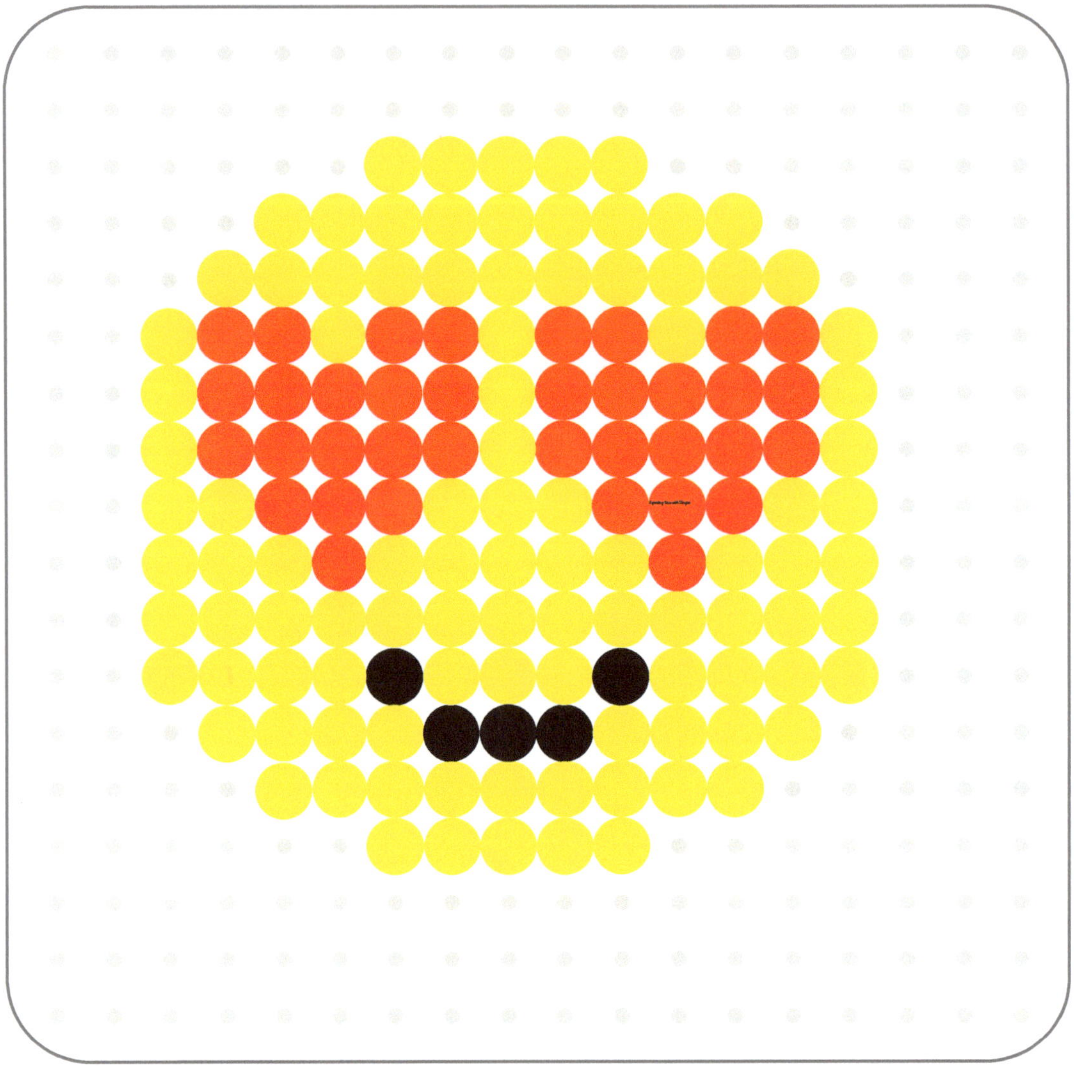

Les perles dont tu as besoin pour réaliser ton Emoji :

 136    36   ● 5

Visage qui fait la grimace

Les perles dont tu as besoin pour réaliser ton Emoji :

117   12   48

Visage avec des larmes de joie

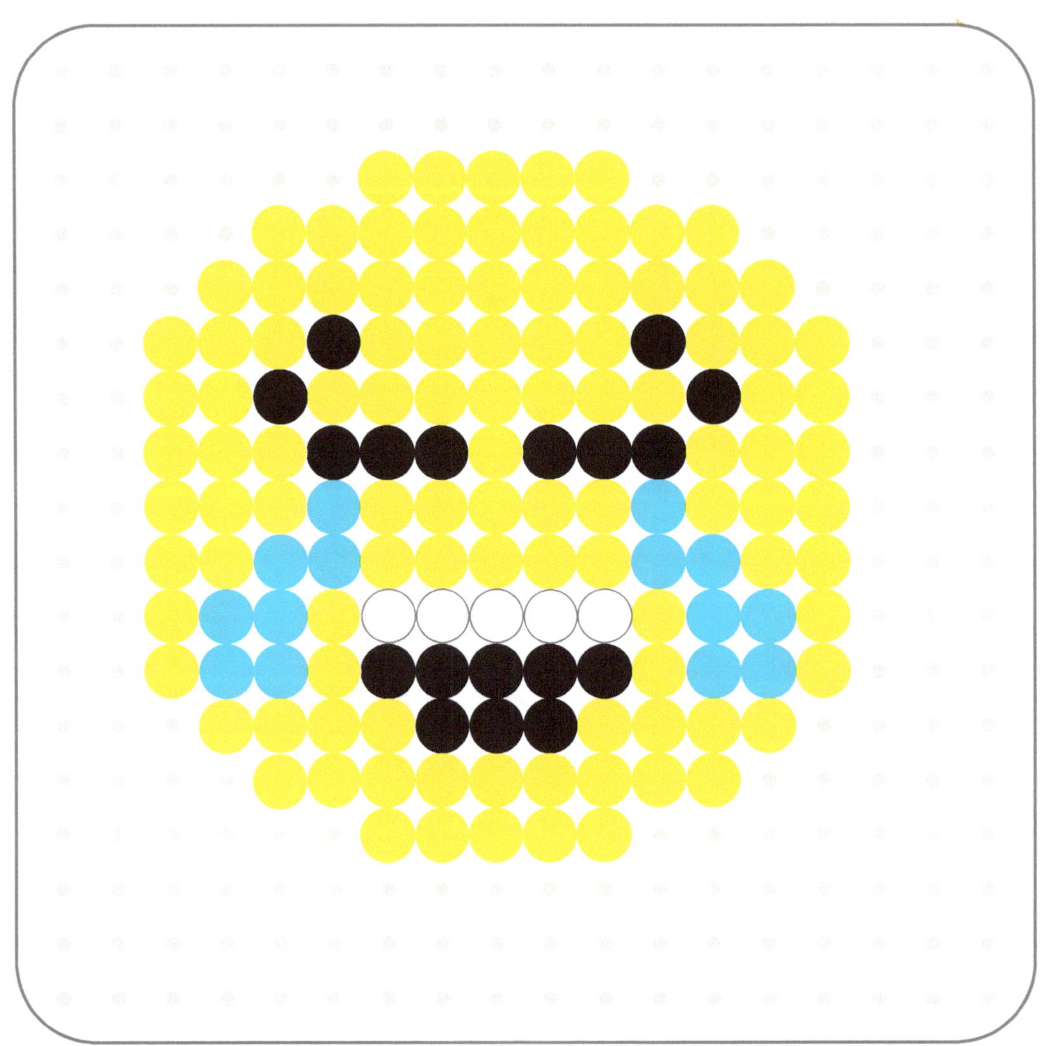

Les perles dont tu as besoin pour réaliser ton Emoji :

140   18   14   5

Visage étonné

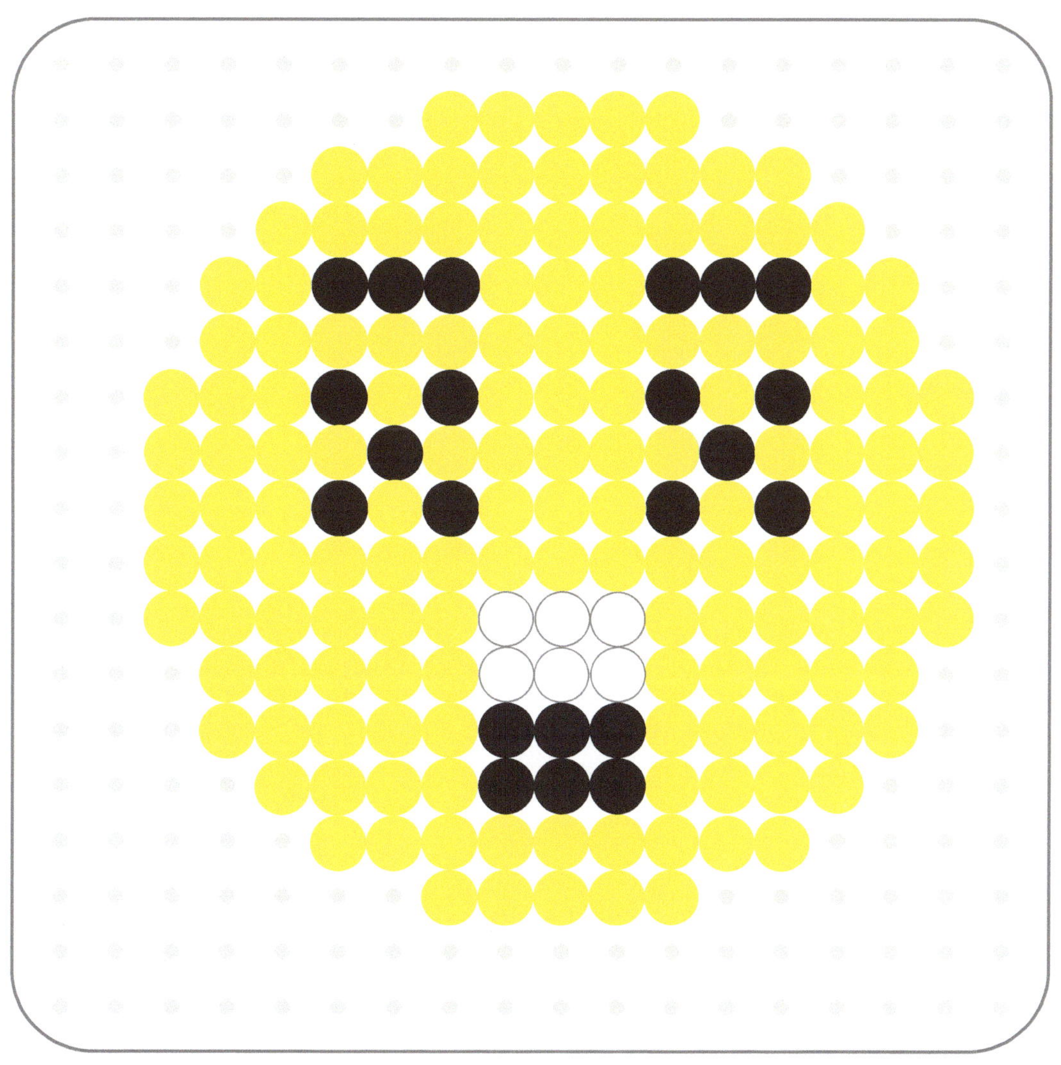

Les perles dont tu as besoin pour réaliser ton Emoji :

149   6   22

Visage qui envoie un bisou

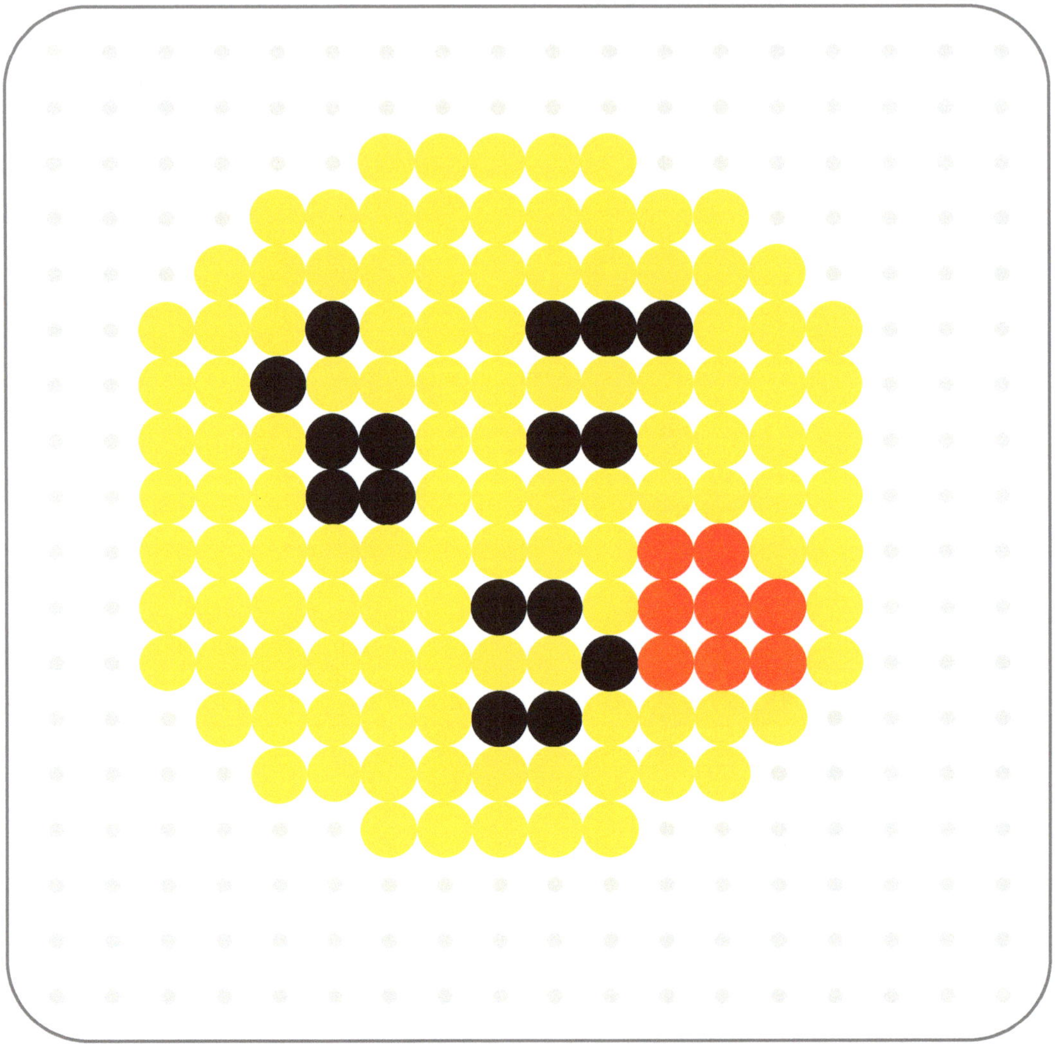

Les perles dont tu as besoin pour réaliser ton Emoji :

153    16    8

Visage qui a froid

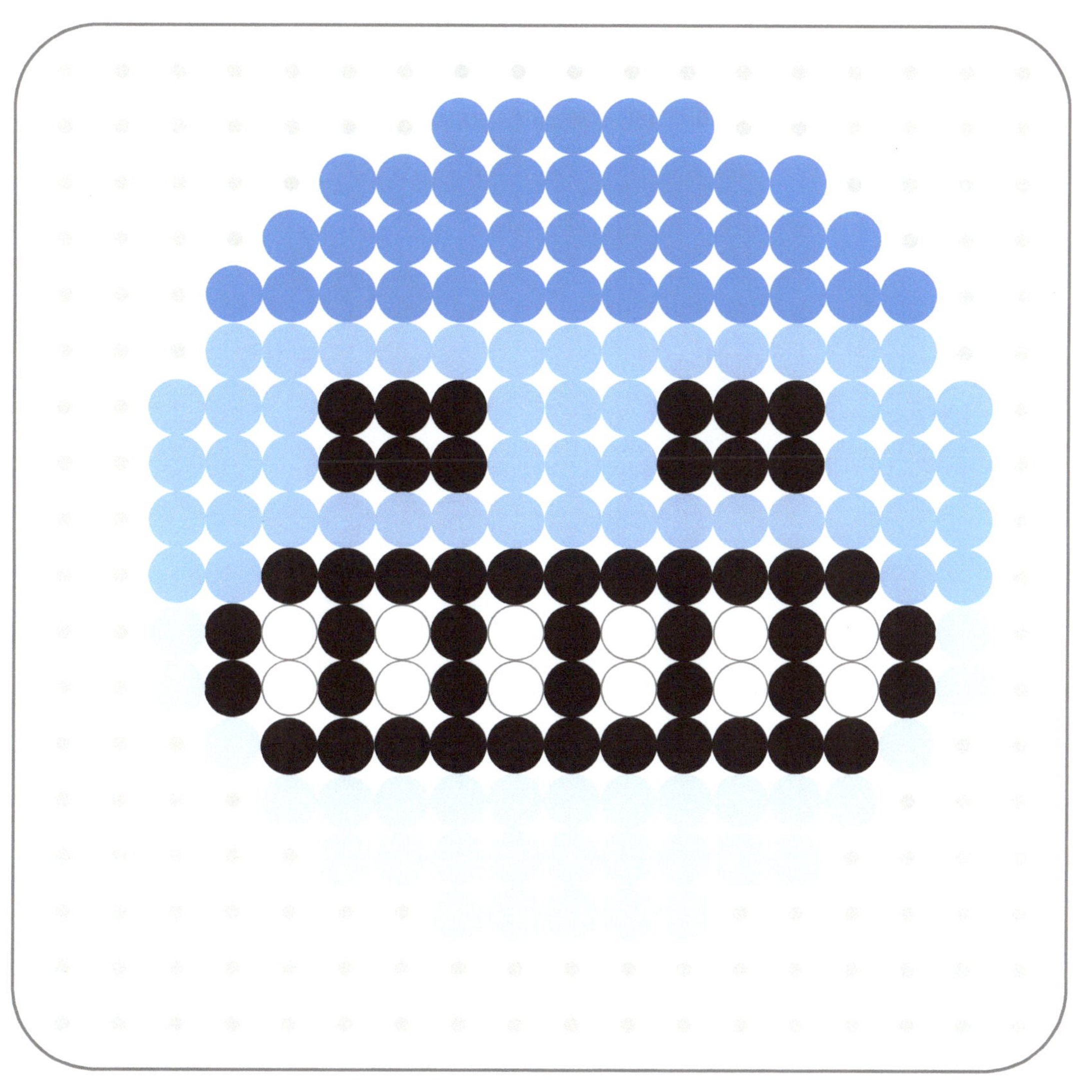

Les perles dont tu as besoin pour réaliser ton Emoji :

- 38
- 50
- 31
- 12
- 48

Visage en colère

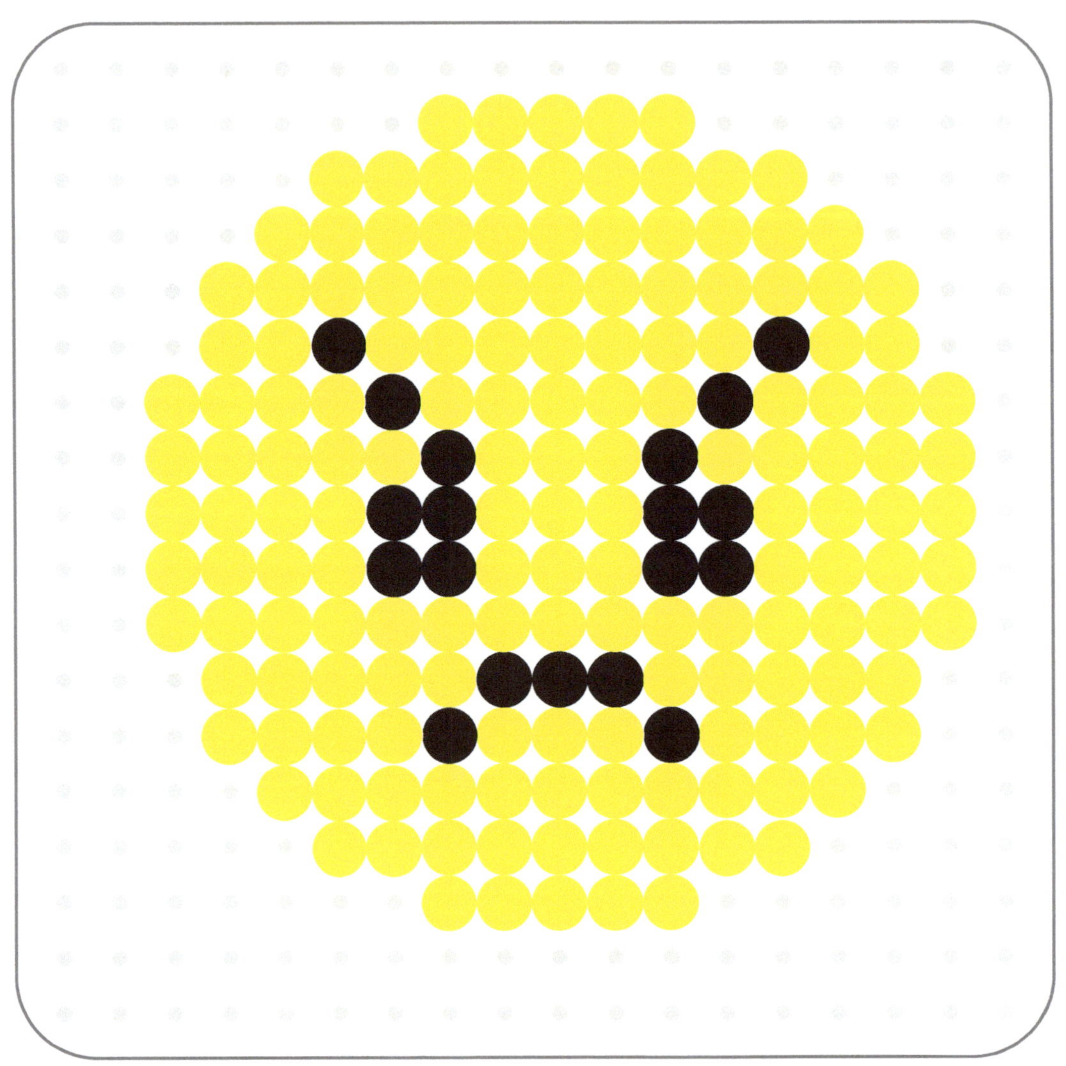

Les perles dont tu as besoin pour réaliser ton Emoji :

158   19

Visage qui sourit un peu gêné

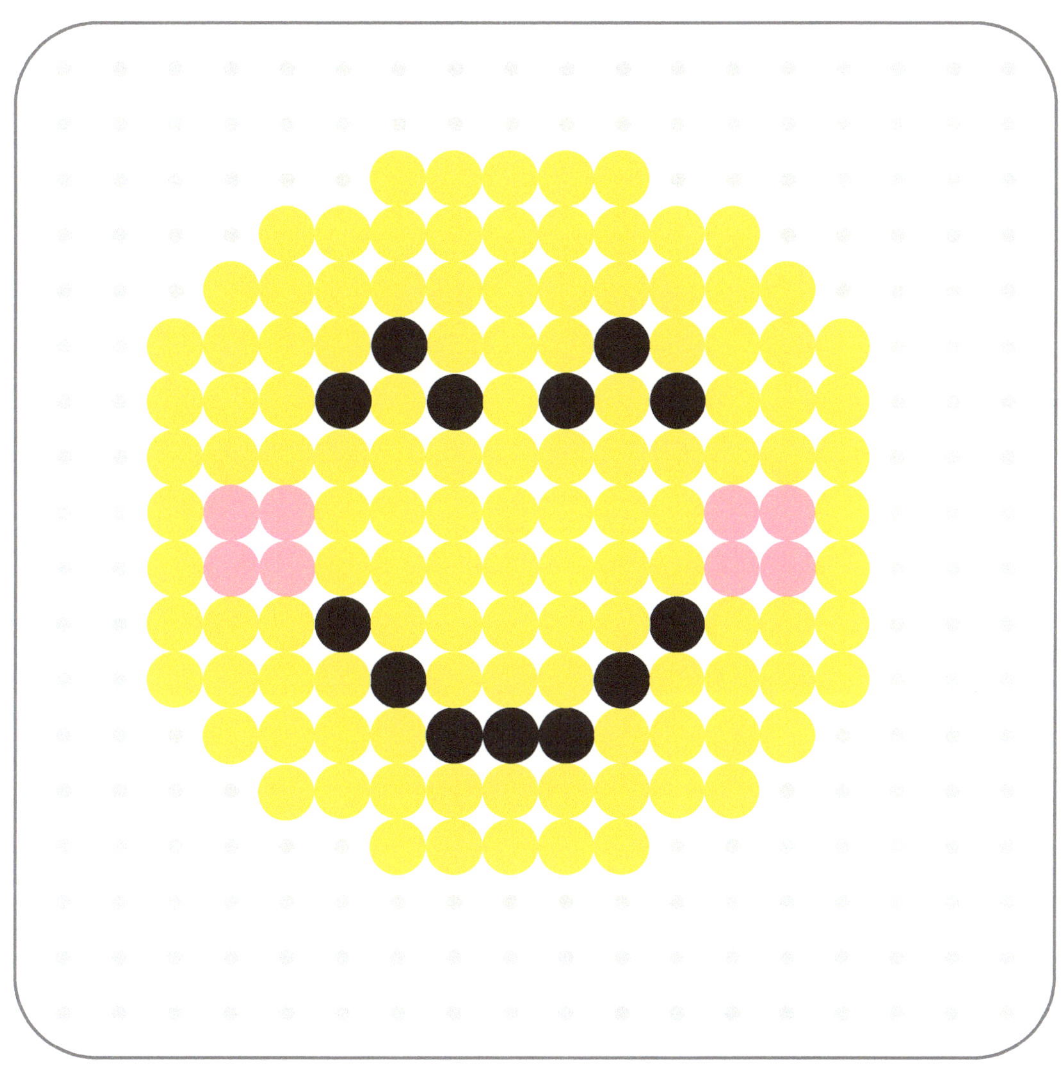

Les perles dont tu as besoin pour réaliser ton Emoji :

156   8   13

Chut !

Les perles dont tu as besoin pour réaliser ton Emoji :

58 26 49

Visage endormi

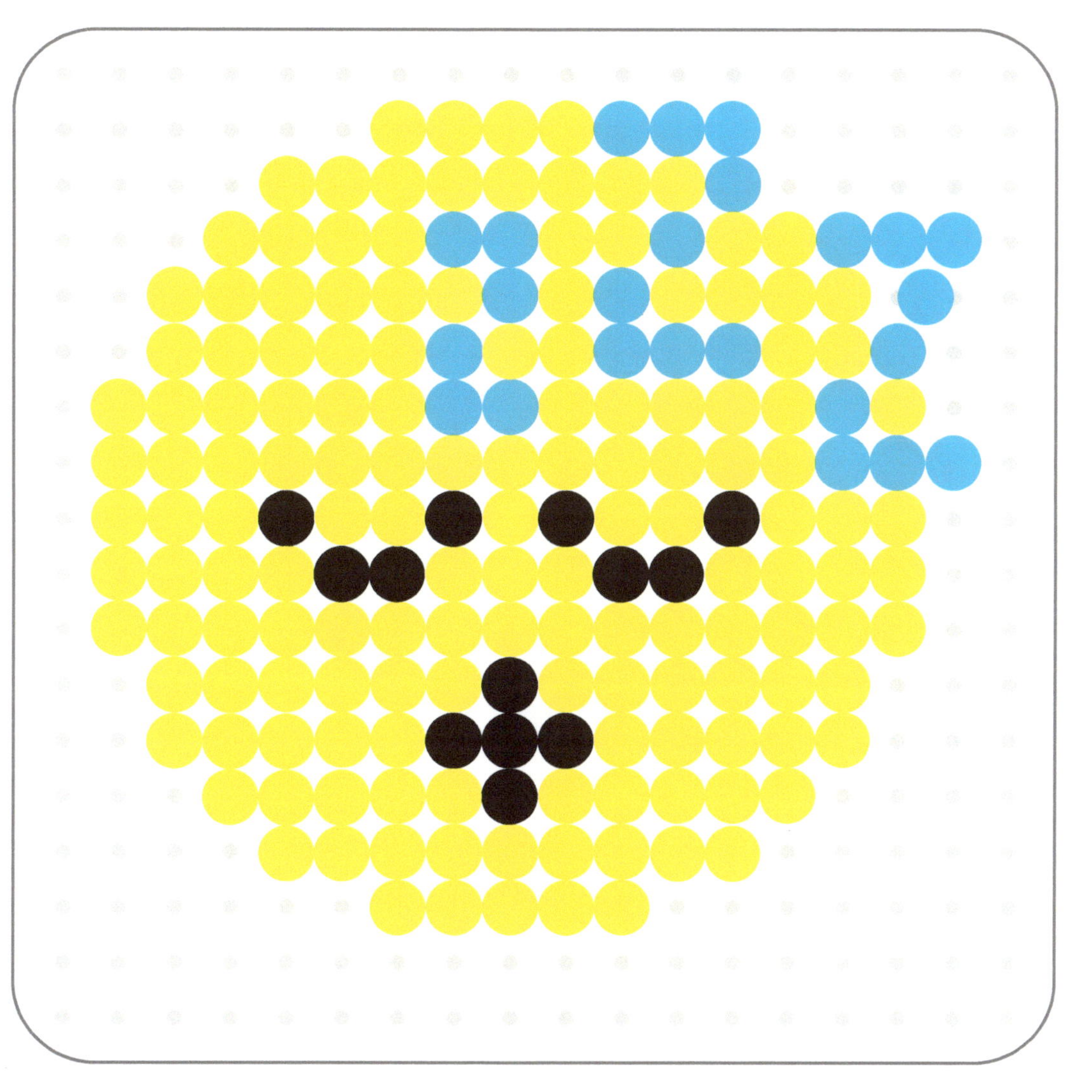

Les perles dont tu as besoin pour réaliser ton Emoji :

140   13   24

Visage content

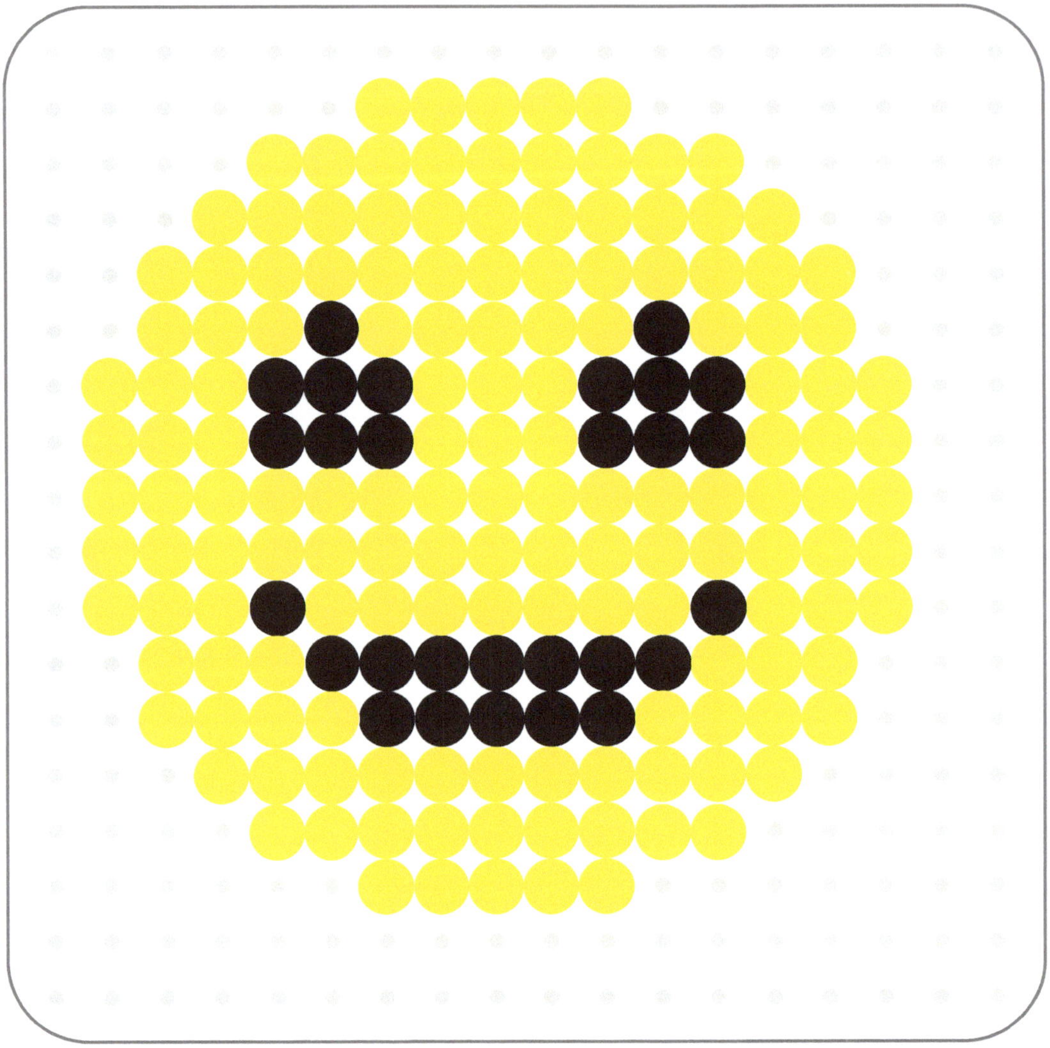

Les perles dont tu as besoin pour réaliser ton Emoji :

149  28

Visage souriant

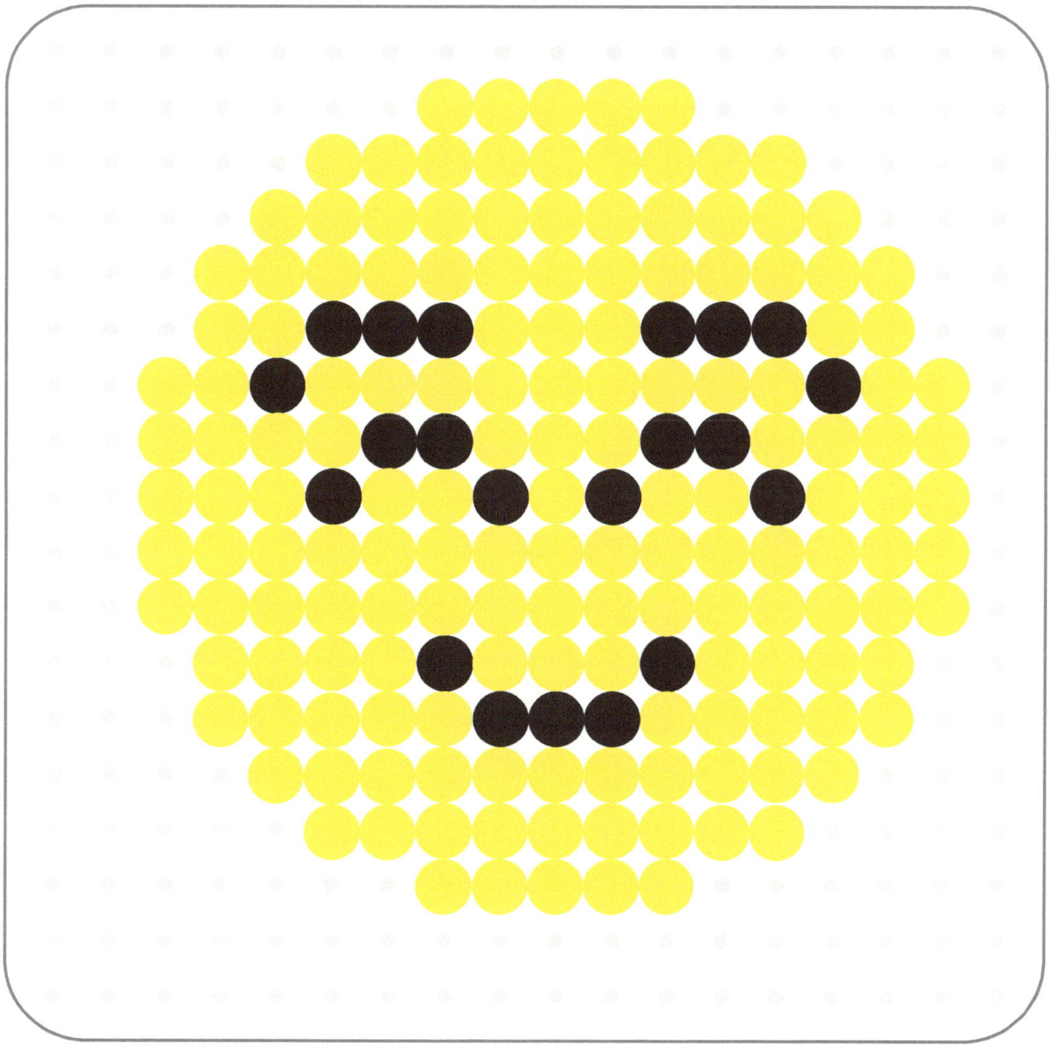

Les perles dont tu as besoin pour réaliser ton Emoji :

156   21

Visage souriant aux grands yeux

Les perles dont tu as besoin pour réaliser ton Emoji :

120   9   48

Visage souriant en sueur

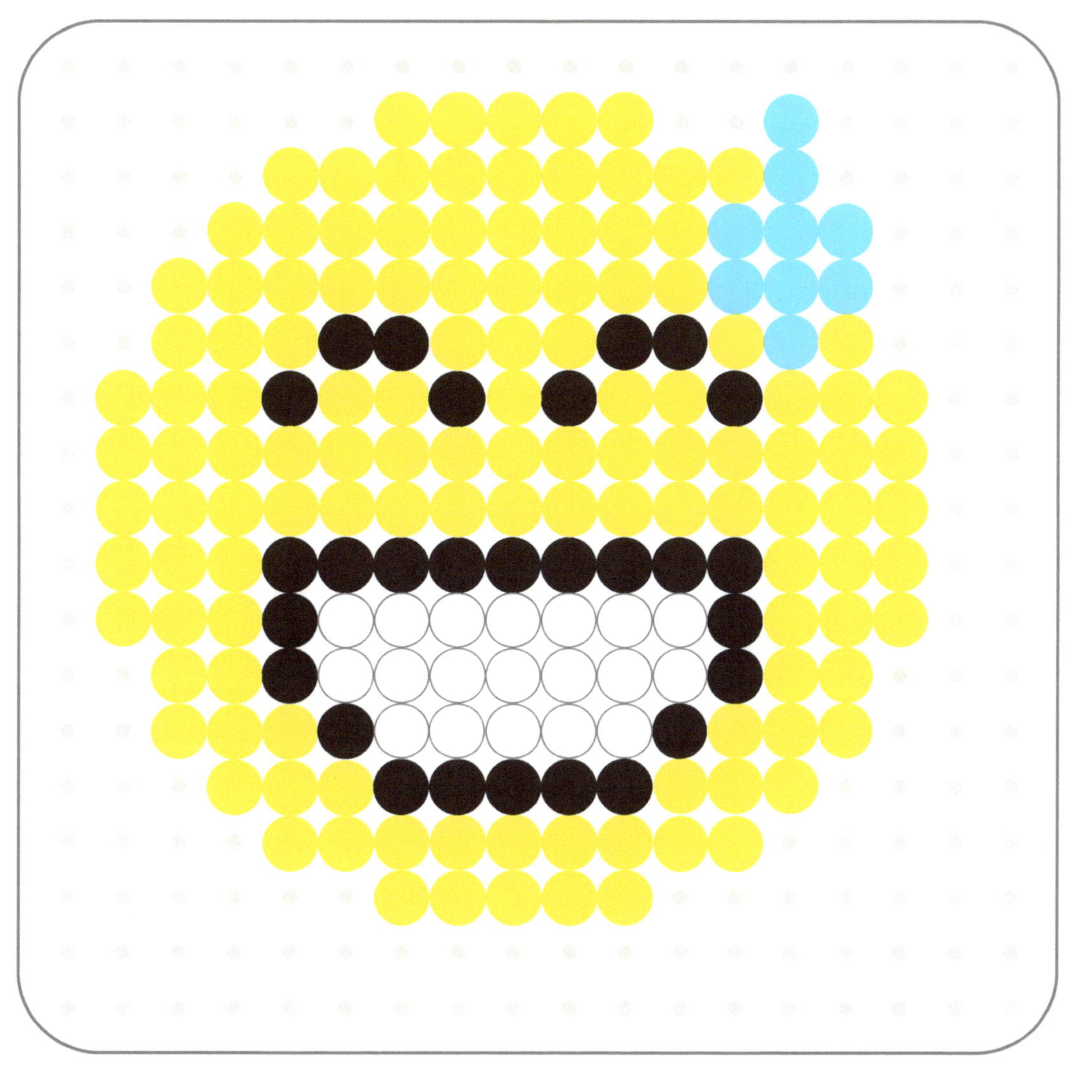

Les perles dont tu as besoin pour réaliser ton Emoji :

121   19   9   28

Visage qui pleure à chaudes larmes

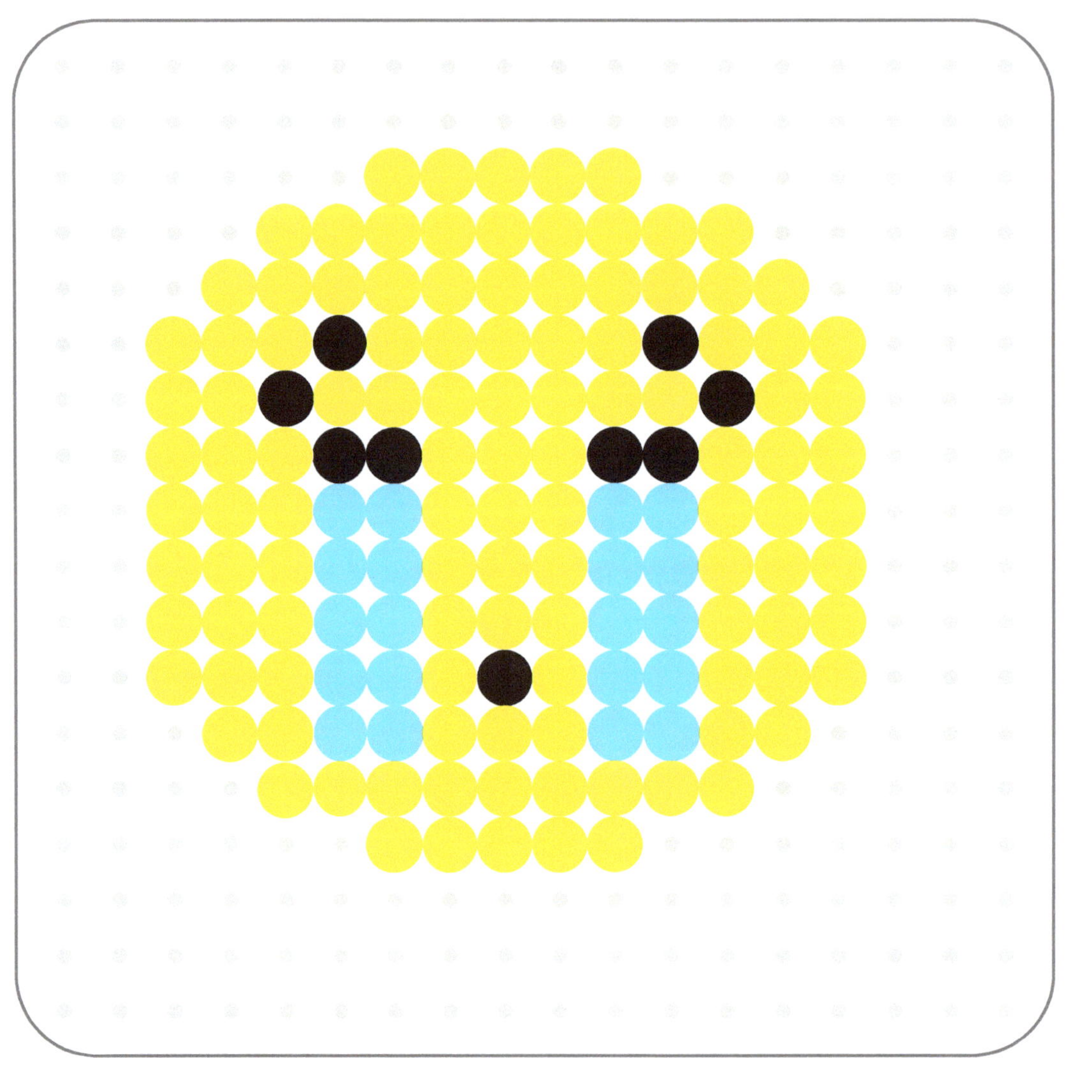

Les perles dont tu as besoin pour réaliser ton Emoji :

148   20   9

Visage qui rougit

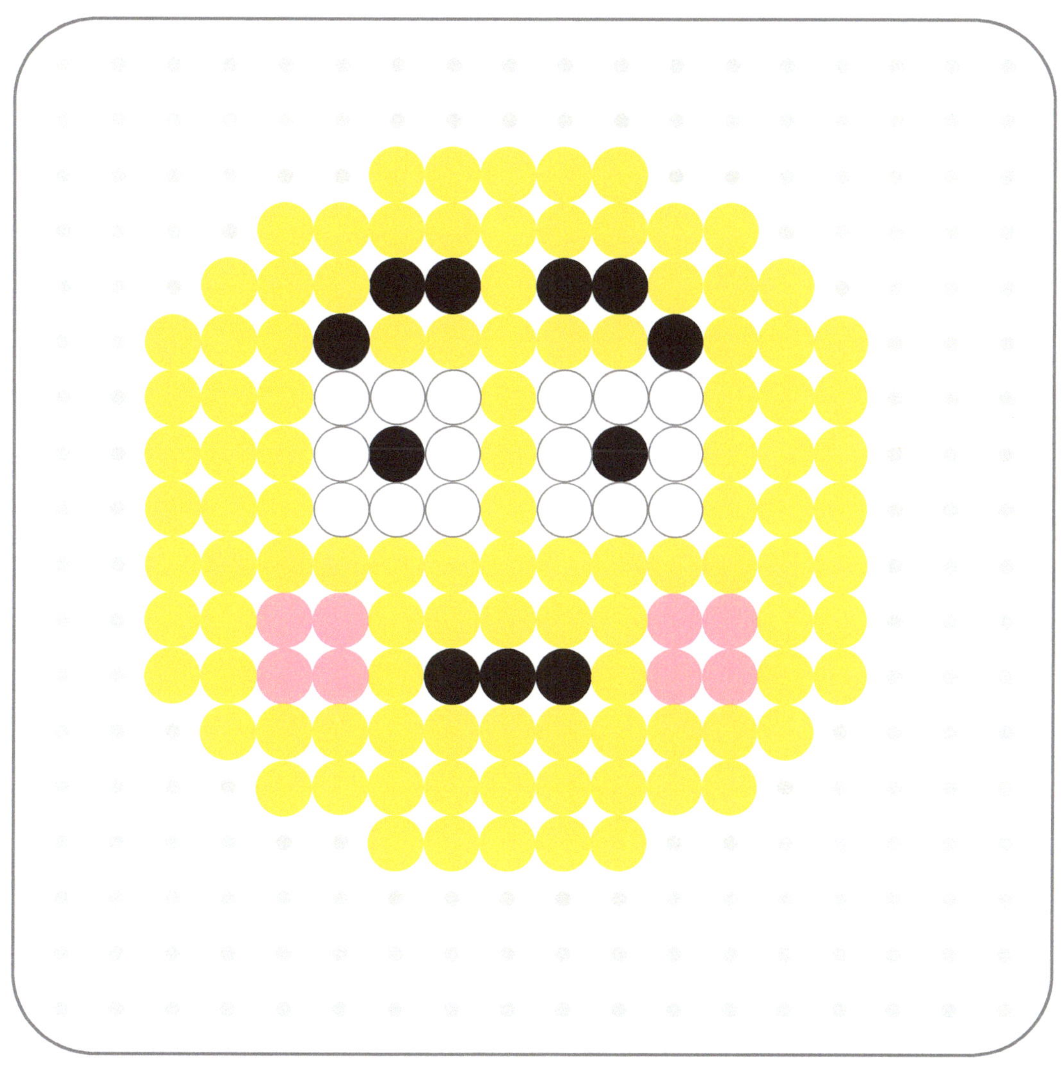

Les perles dont tu as besoin pour réaliser ton Emoji :

142   16   11   8

Visage qui roule des yeux

Les perles dont tu as besoin pour réaliser ton Emoji :

75   36   66

Visage qui porte un masque

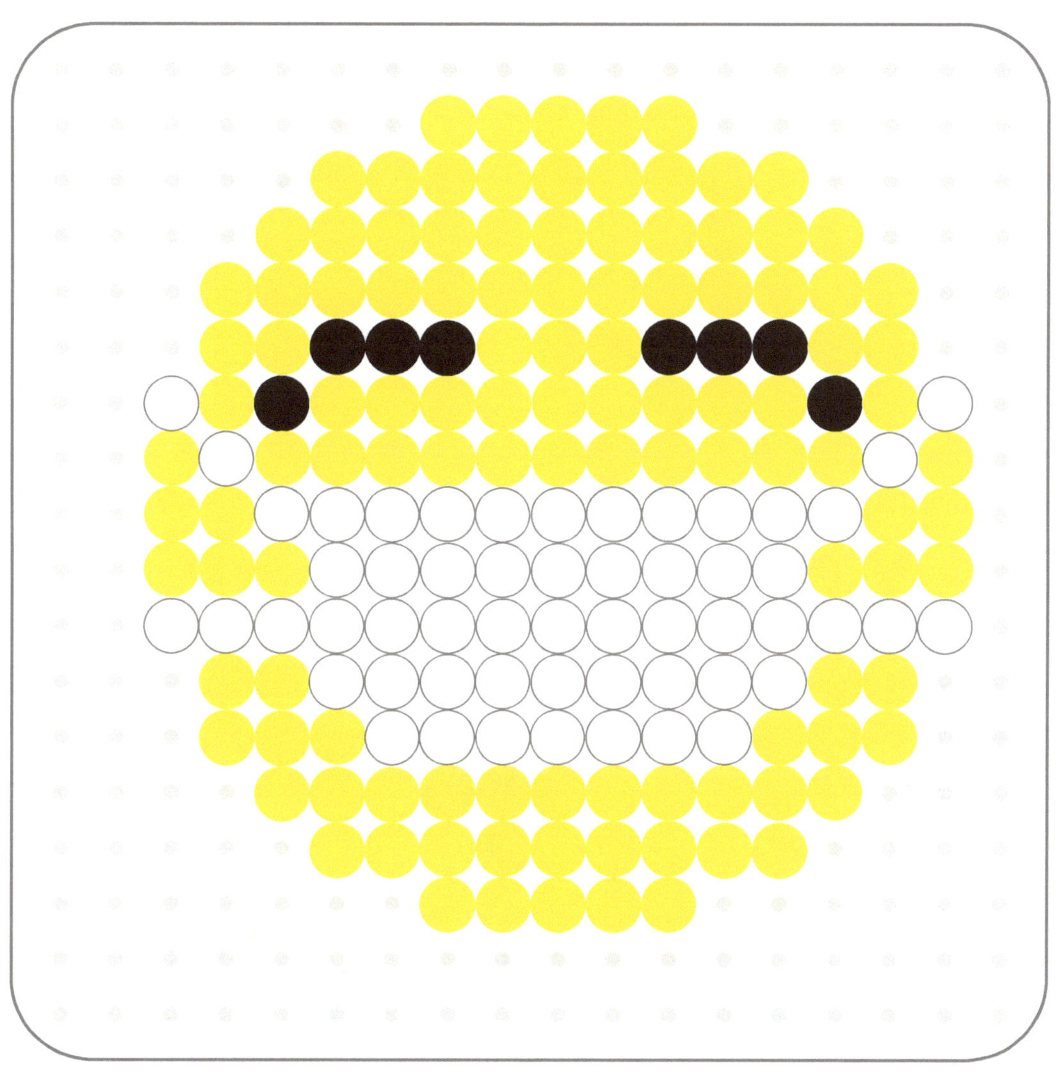

Les perles dont tu as besoin pour réaliser ton Emoji :

114   55   8

Visage avec la bouche en coeur

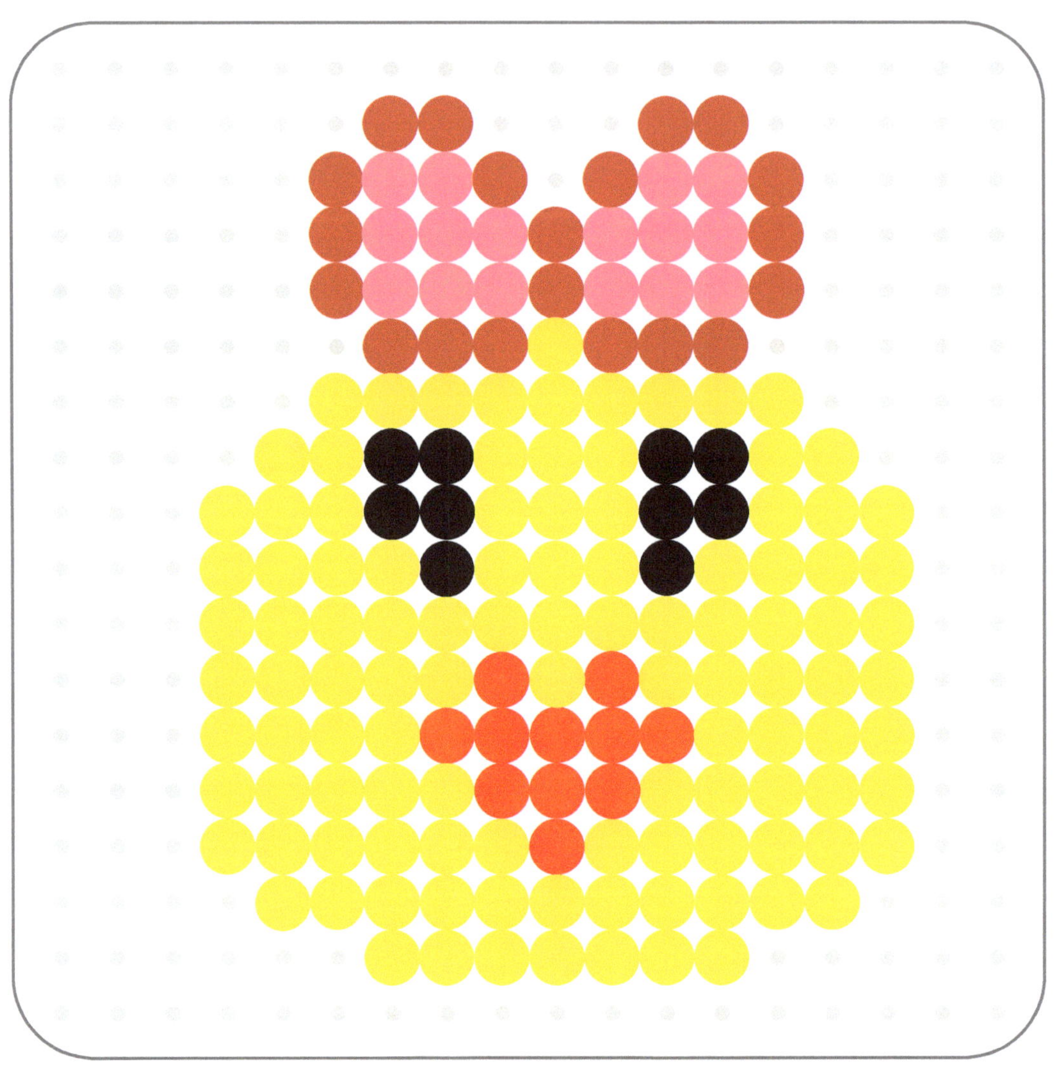

Les perles dont tu as besoin pour réaliser ton Emoji :

109   16   31   10

Emoji cœur rouge

Les perles dont tu as besoin pour réaliser ton Emoji :

● 105

Pouce en l'air

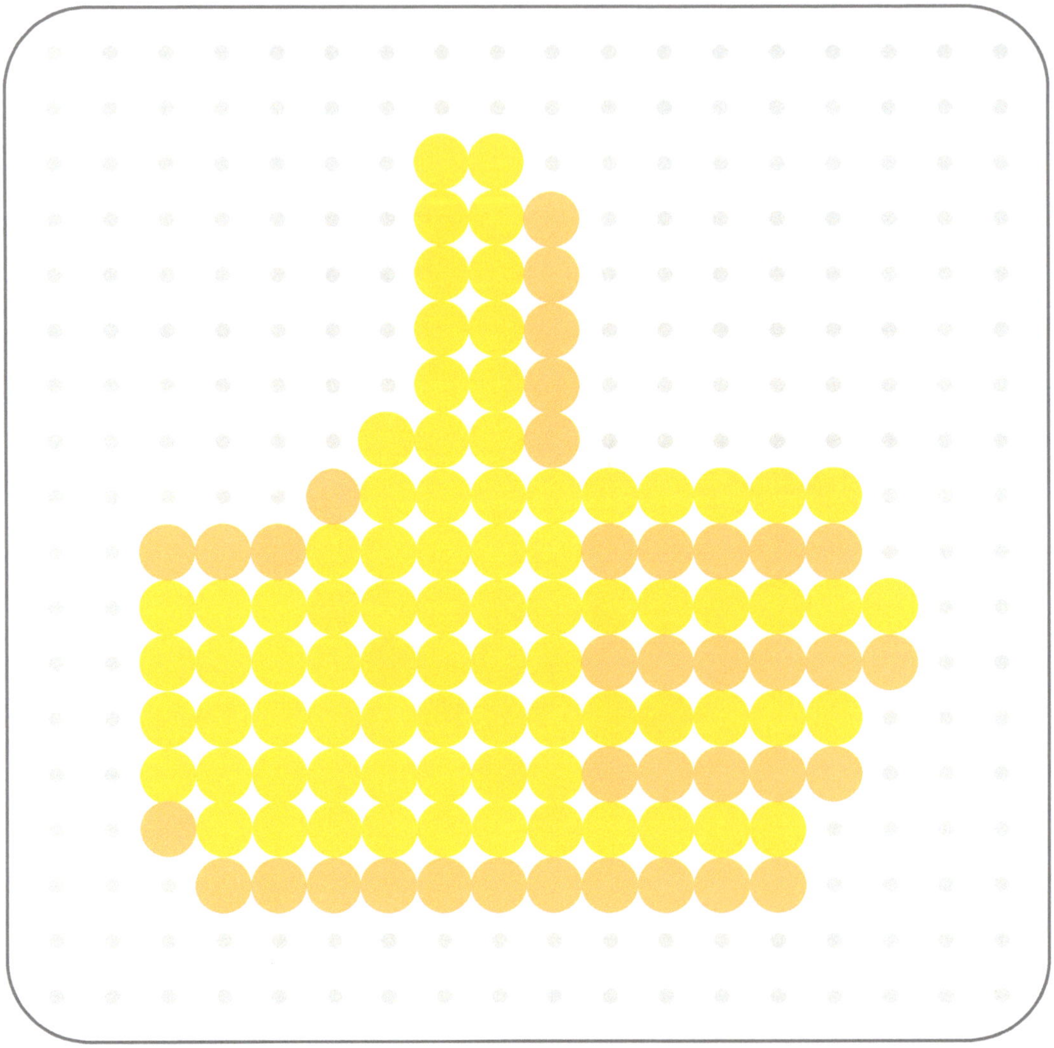

Les perles dont tu as besoin pour réaliser ton Emoji :

 81   37

Visage au sourire malicieux avec des cornes

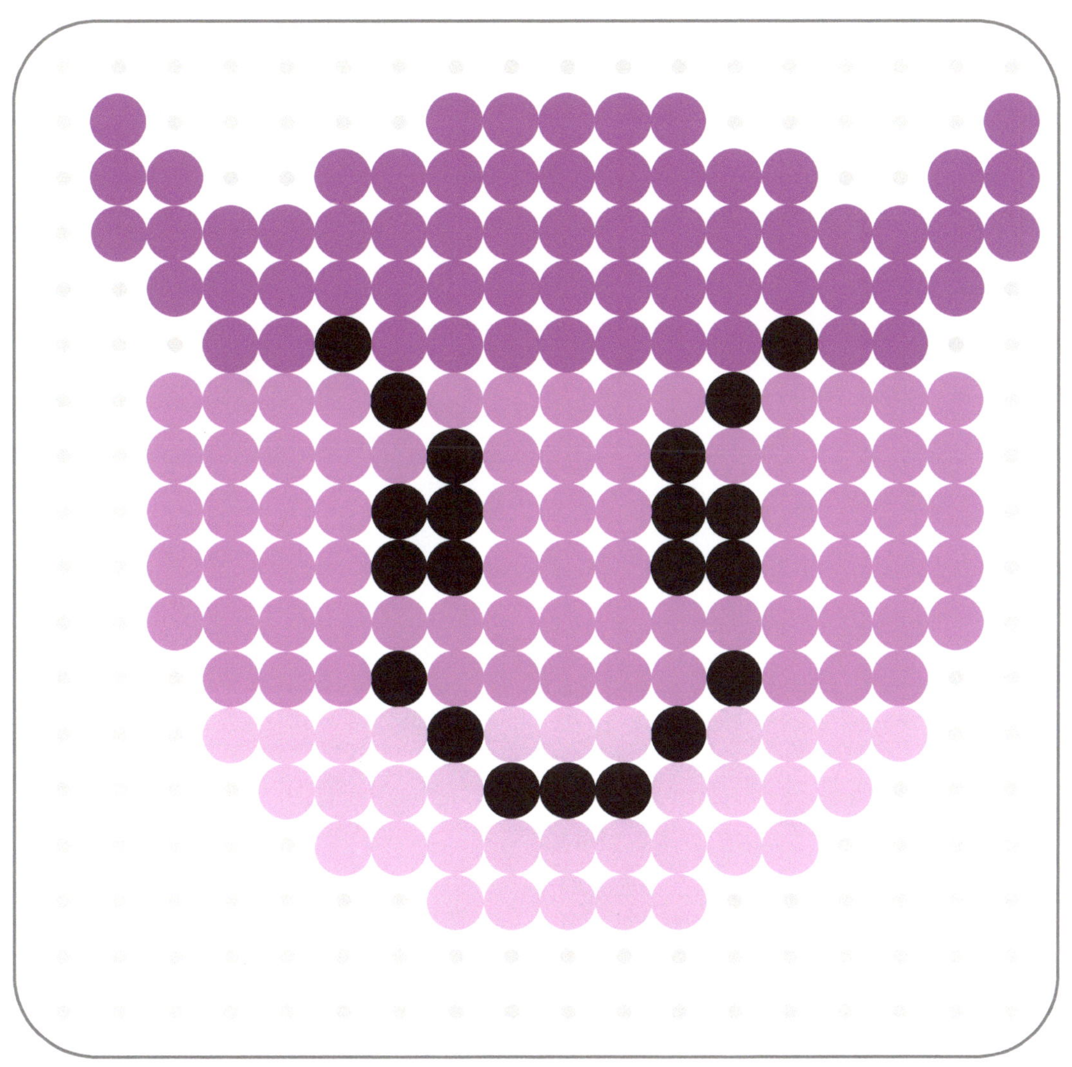

Les perles dont tu as besoin pour réaliser ton Emoji :

63   74   33   21

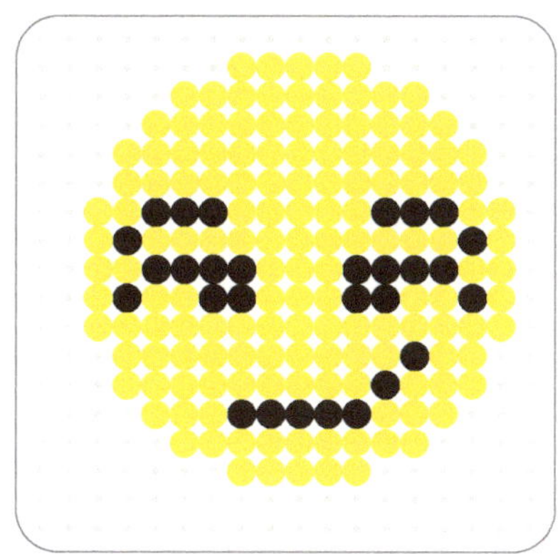

Mes Créations

9 782492 583018